2022 개정 수학 교과를 대비하는 스토리텔링 수학 교과서!

성냥팔이 소녀는 분류를 진짜진짜 잘한대

초등 1·2학년 수학동화 시리즈 ⑩
성냥팔이 소녀는 분류를 진짜진짜 잘한대

1판 1쇄 발행 2024년 12월 30일

글쓴이 고자현
그린이 주세영
수학놀이 수랄라쌤(고해영)
감수 김명현, 서재희, 최광식

편집 허현정
디자인 이재호

펴낸이 이경민
펴낸곳 ㈜동아엠앤비
출판등록 2014년 3월 28일(제25100-2014-000025호)
주소 (03972) 서울특별시 마포구 월드컵북로 22길 21, 2층
홈페이지 www.moongchibooks.com
전화 (편집) 02-392-6901 (마케팅) 02-392-6900
팩스 02-392-6902
전자우편 damnb0401@naver.com
SNS

ISBN 979-11-6363-893-3 (74410)
　　　979-11-6363-749-3 (세트)

※ 책 가격은 뒤표지에 있습니다.
※ 잘못된 책은 구입한 곳에서 바꿔 드립니다.

도서출판 뭉치는 ㈜동아엠앤비의 어린이 출판 브랜드로, 아이들의 지식을 단단하게 만들어 주고, 아이들의 창의력과 사고력을 키워 주어 우리 자녀들이 융합형 창의 사고 뭉치로 성장할 수 있도록 좋은 책을 만들겠습니다.

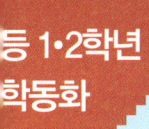

초등 1·2학년
수학동화

2022 개정 수학 교과를 대비하는
스토리텔링 수학 교과서!

✓ 자료를 표로 나타내기
✓ 꺾은선그래프 이해하기

성냥팔이 소녀는 분류를 진짜진짜 잘한대

글 고자현 • 그림 주세영 • 수학놀이 수랄라쌤(고해영)

뭉치 MoongChi Books

추천사

    수학이 재미있는 이야기로 꾸며진다면 어떨까요? 매일 동화책을 읽듯이 수학 공부를 하면 참 재미있을 거예요.
    사람들이 대부분 '수학' 하면 더하기, 빼기, 곱하기 같은 계산을 떠올리지만, 사실 수학은 우리들의 일상생활 속에서 시작되었어요. 아주 오랜 옛날부터 사람들은 물건을 세거나 계산해야 할 일이 생겨났거든요. 또 내가 기르는 양이 몇 마리인지, 수확한 사과가 몇 개인지 알아보려면 수가 필요했지요. 이렇게 해서 생겨난 것이 수학이랍니다.
    수학은 사람들의 호기심에서 시작되었기 때문에 수학에는 많은 이야기가 숨어 있어요. 사실 수학을 빼고 나면 "떡 하나 주면 안 잡아 먹지!"라고 하는 『해님 달님』 동화도 읽을 수 없고, "십 리도 못 가서 발병 난다."고 하는 '아리랑' 노래도 부를 수 없어요. 피라미드의 높이를 잰 것도, 지구의 둘레를 잴 수 있었던 것도 바로 수학이 있었기 때문이지요. 이야기 속에 어떤 수학이 숨어 있나 찾아보는 것도 즐거운 수학 공부가 될 수 있어요.

이야기를 통해 수학을 배우면 배운 내용을 쉽게 그리고 오래 기억할 수 있어요. 지금보다 여러분이 더 어렸을 적 엄마 아빠가 들려준 이야기처럼 말이지요. 이 책을 읽다 보면 가끔은 이해가 되지 않는 부분도 있을 거예요. 하지만 걱정하지 말고 그냥 지나쳐도 괜찮아요. 아직은 배우지 않았지만 곧 학교에서 배우게 될 거니까요. 그때 지금 읽었던 이야기가 여러분 머릿속에 번쩍하며 떠오를 겁니다.

애완견 '와리'와 '이야기 속 주인공'들이 함께하는 재미있는 수학 탐험으로 여러분을 초대합니다. 그동안 수학이 더하기, 빼기 같은 계산만 있다고 생각하였다면, 이젠 이야기 속 주인공들과 함께 수학이 어디에 쓰이는지, 수학이 왜 필요한지 이야기를 통해 자연스럽게 알게 될 거예요. 이 책을 읽는 어린이 여러분은 '혹부리 영감, 도깨비방망이'와 동화 속 이야기가 그러하듯이 수학동화 시리즈 속의 이야기를 통해 자유롭게 상상하고 맘껏 즐기길 바랍니다. 수학은 여러분이 생각하는 것보다 훨씬 재미있고 흥미진진합니다. 그러다 보면 어느새 수학은 재미없는 계산 문제가 아니라 호기심 가득한 신나는 '장난감'이 될 거예요.

서울노일초등학교 교사 김남준

작가의 말

'계산기나 스마트폰으로 계산할 수 있는데, 수학은 왜 배우는 걸까?' 하고 생각한 적 없나요? 수학이 싫었던 저는 이런 생각을 한 적 있어요. 그런데 덧셈, 뺄셈, 곱셈, 나눗셈만이 수학이 아니에요. 수학은 논리적 사고를 키우고 문제해결 능력을 기르는 모든 학문의 기초예요.

그리고 알고 있나요? 수학은 생각보다 우리 가까이에 있다는 것을요. 여러분이 좋아하는 과자를 살 때도 필요하고, 친구나 가족과 피자를 나눠 먹을 때도 필요해요. 또 우리가 생활하는 집을 튼튼하게 짓기 위해서도 길이와 무게, 규칙 등을 알아야 하지요. 이때 수학을 잘 모르면 생활이 불편할 뿐만 아니라 세상을 살아가기도 힘들어요.

수학에 대한 흥미를 느꼈을 때 이상한 학교에 다니는 강아지 와리를 알게 됐어요. 와리는 유명한 동화 속 주인공들이 다니는 학교에 다니는데, 친구들에게 인기가 아주 많았어요. 와리는 친구들을 잘 도와주거든요. 얼마 전에는 성냥팔이 소녀가 장사를 잘할 수 있게 자료 정리하는 법을 알려 주고, 피리 부는 아저씨의 억울함을 풀어 주기 위해 쥐 떼를 몰아낸 수를 표로 정리했어요. 또 베짱이에게 일한 시간을 그래프로 그리는 방법을 알려 줬어요. 이렇게 동화 속 주인공들은 어려운 상황에 부딪힐 때마다 수학으로 어려움을 극복했어요.

실제로 우리는 동화 속 주인공들처럼 크고 작은 수학적 상황을 마주할 때가 있어요. 이때 와리와 동화 속 친구들이 했던 것처럼, 수학 원리를 응용해서 문제를 해결해 보세요.

지금부터 와리와 함께 모험을 떠나 볼까요? 분명 수학이 아주 재미있어질 거예요.

동화 작가 **고자현**

엄마를 위한 새 수학 교과서 소개

　예전의 수학 교과서는 공식과 문제 풀이 위주의 딱딱한 내용들로 가득 차 있었습니다. 하지만 아이들이 이렇게 수학을 공부하면 금세 흥미를 잃고 배운 내용도 잊어버리고 말지요. 그래서 2012년 1월, 교육과학기술부에서는 수학 교과서의 구성을 스토리텔링으로 바꾸겠다고 발표했습니다.

　스토리텔링 수학은 수학 내용과 관련 있는 소재와 상황 등을 동화로 꾸며 쉽고 재미있게 배우는 수학 학습법입니다. 또한 2015 개정 교육과정이 적용된 수학 교과서는 형식은 스토리텔링 수학을, 내용에서는 실생활 연계 통합교과형(STEAM) 수학을 보여 주었습니다. 또한 학습 내용을 기존 교과서보다 20%나 줄이고 쉽게 조정하는 대신 다양한 교구를 활용한 활동을 늘렸습니다. 수학을 놀이처럼 즐기면서 자연스럽게 수학 학습을 할 수 있도록 하였습니다.

　한편 2022 개정 교육과정에서 초중등 수학의 목표는

'초등과 중등의 연계성 강화'입니다. 이를 위해 교과 영역을 통합하고 과정을 간소화합니다. 즉 크게 수와 연산, 변화와 관계, 도형과 측정, 자료와 가능성 등 4개 영역으로 통합하였습니다.

그렇지만 여전히 단원 시작은 스토리텔링을 통해 학생들의 호기심과 흥미를 유발합니다. 또한 수학 교과서가 검정으로 바뀐 뒤 학교마다 다른 교과서를 사용하지만 학년별로 알아야 할 수학 성취 기준 내용은 공통입니다.

<초등 1·2학년 수학동화> 시리즈는 이러한 수학 교육의 변화에 맞춘 학습 동화입니다. 아이들에게 익숙한 전래동화와 명작동화 이야기로 학습 내용을 구성하여 자연스럽게 수학 지식을 익히도록 하였습니다. 책 속 부록인 <개념이 쏙쏙 들어오는 엄마표 수학놀이>는 교과서의 내용을 확장한 체험 및 놀이 영역을 반영하여, 가정에서 부모님이 아이들과 함께 재미있는 놀이로 책을 통해 배운 내용을 복습할 수 있게 구성되어 있습니다.

전래동화와 명작동화 속 주인공들이 펼치는 신나는 모험 이야기를 따라가다 보면 아이들은 어느새 새로운 수학 개념과 문제 해결 방법을 깨닫게 되는 경험을 하게 될 것입니다.

편집부

명작동화도 함께 읽어 보세요

『성냥팔이 소녀』는 안데르센의 동화예요. 몹시 추운 날, 한 작은 소녀가 맨발에 얇은 옷을 입고 추위에 떨며 거리에서 성냥을 팔고 있었어요. 거리를 지나는 사람들은 소녀를 본체만체했어요. 밤이 더 깊어지고 소녀는 어느 집 앞에서 성냥에 불을 붙였어요. 소녀는 성냥의 불길과 함께 따뜻한 난로, 근사한 거위 구이 요리, 크리스마스트리 등의 환상을 보았어요. 하지만 불길이 사라지면 환상은 사라졌어요. 하늘에서 별똥별이 떨어지는 모습을 본 소녀는 할머니가 한 말이 떠올랐어요. 마지막 성냥에 불을 붙인 소녀 앞에 사랑하는 할머니의 환영이 나타났어요. 소녀는 할머니를 끌어안았어요. 다음 날, 소녀는 행복한 미소를 짓고 그 자리에 죽어 있었어요.

『피리 부는 사나이』는 독일의 도시 하멜른에서 전해져 내려오는 이야기로, 그림 형제가 동화집에 수록했어요. 평화로운 마을, 하멜른에 갑자기 쥐가 나타나기 시작했어요. 쥐 떼가 점점 많아지자, 마을 사람들은 두려움에 휩싸였어요. 그때 한 남자가 나타나 쥐 떼를 몰아내고 큰돈을 받기로 했어요. 남자는 거리로 나가 피리를 연주했는데, 쥐 떼가 그 피리 소리를 따라 갔어요. 잠시 뒤, 모든 쥐 떼가 강물에 빠져 죽었어요. 그런데 마을 사람들은 남자에게 약속한 돈을 주지 않았어요. 그러자 남자는 다시 피리를 꺼내 들었어요. 그날 피리 소리와 함께 마을의 아이들이 모두 사라졌어요.

『개미와 베짱이』는 『이솝 우화』에 나오는 이야기예요. 『이솝 우화』는 고대 그리스에 살았던 이솝이 지은 우화 모음집이고요. 옛날에 개미와 베짱이가 살았어요. 개미는 늘 부지런하고 성실하게 일했어요. 반면 베짱이는 늘 그늘에 앉아 아름다운 세상을 노래했어요. 개미는 노래 부르는 베짱이가 부러웠지만 꾹 참으며 겨울을 준비했어요. 시간이 지난 뒤 추운 겨울이 왔어요. 개미는 열심히 일한 덕분에 따뜻한 겨울을 맞이했어요. 하지만 베짱이는 아무것도 준비하지 못해서 배고픔과 추위로 힘들어하다가 개미에게 도움을 구했어요. 그러나 개미는 베짱이를 도와주지 않았어요. 결국 베짱이는 추위와 배고픔을 견디지 못하고 여기저기 헤매다가 굶어 죽었어요.

이야기 속 친구들을 소개합니다

와리

시우가 학교에 갈 때 나도 '이상한 학교'에 가. 이상한 학교는 동화 속 유명한 주인공들만 다니는 학교야. 난 학교에서 친구들과 노는 게 너무 좋아. 가끔은 어려움에 처한 친구들을 도와줘.

시우

요즘 들어 와리 녀석이 수상해. 놀자고 보채지도 않고, 늦게까지 싸돌아다니다가 들어와. 나같이 바쁜 초등학생처럼 군다니까.

성냥팔이 소녀

추운 겨울, 추위에 떨며 성냥을 팔았어.
어떻게 하면 장사를 잘할 수 있을까?

피리 부는 아저씨

동물이든 사람이든 내가 피리만 불면 졸졸 쫓아와. 어느 마을에 나타난 쥐 떼를 모두 없애 줬어. 그런데 시장이 주기로 한 돈을 주지 않았어. 내가 가만히 있을 것 같아?

아이작

나는 아주 똑똑하지. 피리 부는 아저씨의 억울한 사연을 듣고 도와주기로 마음먹었어. 내가 정리한 자료 덕분에 피리 부는 아저씨는 쥐 떼를 몰아내고 받기로 한 돈을 받게 되었어.

시장이자 은행장

난 세상에서 돈이 아주아주 좋아. 마을 사람들 몰래 돈을 빼돌렸는데, 와리와 아이작 때문에 들키고 말았어.

차례

추천사 • 4

작가의 말 • 6

엄마를 위한 새 수학 교과서 소개 • 8

명작동화 및 등장인물 소개 • 10

이야기 하나

성냥팔이 소녀는 분류를 진짜진짜 잘한대 • 18

분류하기와 자료 정리

이야기 둘

피리 부는 아저씨는 자료 정리로 일한 대가를 받았어 • 34

자료를 조사하여 표로 나타내기

이야기 셋

베짱이는 그래프로 자신이 일한 시간을 알았어 · 56

자료 정리와 꺾은선그래프

책 속 부록

개념이 쏙쏙 들어오는 엄마표 수학놀이 · 76

유튜브 '수랄라TV'의 수랄라쌤이 추천하는 수학놀이로 개념과 원리를 다져요!

- **수학놀이 1**   지하철 노선도를 활용한 표 만들기
- **수학놀이 2**   내가 그리는 올림픽 메달 세계 지도
- **수학놀이 3**   바둑알을 튕겨라
- **수학놀이 4**   나의 키를 꺾은선그래프로 그려 보자
- **수학놀이 5**   냠냠 쩝쩝! 맛있는 원그래프

지난밤, 우리 가족이 손꼽아 기다렸던 첫눈이 내렸다.

"올해 첫눈을 놓칠 수 없지!"

엄마가 기쁜 목소리로 말하며 앞장서 걸어갔다. 나와 시우, 아빠는 그 뒤를 조용히 따라갔다.

뽀도독, 뽀도독.

눈길 위를 걷는데 기분이 좋았다. 난 눈 위로 폴짝폴짝 뛰었다. 그러자 엄마가 웃으며 말했다.

"와리야, 너무 귀여운걸."

아빠도 질세라 스마트폰으로 내 모습을 찍었다.

"가장 행복한 우리 와리부터, 찰칵!"

그 모습을 본 시우가 빈정댔다.

"흥. 와리는 눈이 좋아서가 아니라 발이 시려서 저러는 거예요. 하하하."

나는 기분이 아주 나빴다.

'놀리면 기분 좋냐, 시우 녀석아!'

나는 시우 발을 확 밟기 위해 있는 힘껏 점프를 했다. 그런데 저 멀리 아는 얼굴이 보였다.

'어, 저 아이는 성냥팔이 소녀?'

이상한 학교 친구인 성냥팔이 소녀는 한눈에 봐도 낡고 얇은 옷을 입고 있었다. 그 모습을 본 나는 그만 눈 위로 엉덩방아를 찧었다.

"와리야, 괜찮니?"

엄마는 얼른 나를 안아 줬다.

"하하하. 와리는 발이 네 개이면서도 넘어진대요. 하하하."

시우는 내가 넘어진 기회를 놓치지 않고 나를 놀렸다. 하지만 난 시우에게 화를 내지 않았다. 그저 성냥팔이 소녀의 가여운 모습이 마음에 걸렸다.

다음 날, 나는 이상한 학교에 가자마자 성냥팔이 소녀에게 갔다.

"소녀야, 어제 네가 성냥을 팔고 있는 모습 봤어."

"그랬구나. 어제 사실 성냥을 많이 못 팔았어."

성냥팔이 소녀의 말에 걱정이 되었다.

"내가 도와줄 수 있는 일이 없을까?"

"아냐. 추운데 함께 벌벌 떨자고 할 수는 없지. 와리야, 마음만이라도 고마워."

"그래도……."

"마냥 팔기만 할 것이 아니라 방법을 찾아야 할 것 같아."

"그거라면 내가 도움이 될 거야."

"정말? 사실 내가 고민하는 부분이 있긴 한데……."

"어떤 거?"

"막연하게 성냥을 팔러 나간다고 사람들이 성냥을 사 주는 것도 아니라서."

"그래. 불쌍하다고 사 주는 것도 한두 번이겠지."

"와리야, 내가 그동안 성냥을 팔았던 내용을 일기장에 적어 놓긴 했거든. 한번 볼래?"

성냥팔이 소녀는 내게 일기장을 보여 주었다. 일기장이라기보다는 판매 노트에 가까울 정도로 판매 정보가 꼼꼼하게 기록되어 있었다.

"소녀야, 너는 정말 기록을 잘하는구나."

"내가 성냥을 잘 팔아야 나와 내 동생들이 따뜻한 겨울을 보낼 수 있는데, 나는 장사에 영 소질이 없나 봐. 무엇이 문제일까 알고 싶어서 일단은 열심히 적었어."

나는 성냥팔이 소녀가 준 일기장을 찬찬히 살폈다. 안타깝게도 성냥 판매는 일정하지 않았다. 어떤 날은 몇 개를 팔기도 했지만 어떤 날은 한 개도 팔지 못했다. 그때 무언가 머리를 스치는 것이 있었다.

"아, 이러면 어떨까?"

"와리야, 너 뭐 떠올랐구나! 뭔데?"

"여기에 보면, 네가 어디에서 몇 개를 팔았는지 정리했잖아."

"그렇지."

"그럼 장소별로 몇 개 팔았는지 한번 정리해 볼까?"

성냥팔이 소녀와 나는 일기장을 펼치고 지난 일주일간 팔았던 성냥의 개수를 장소별로 나눠 숫자를 세어 보았다. 그랬더니 장소는 총 네 곳이었고, 각각 팔린 성냥의 개수를 더하다 보니, 하나의 표를 만들 수 있었다.

"소녀야, 표로 만들어 보니 어때?"

"역시 와리는 대단해. 한눈에 알 수 있는걸!"

■ 장소별로 일주일간 팔았던 성냥의 개수 ■

장소	학교 앞	광장	시장	식당가	합계
성냥 판매	0	5	12	3	20

성냥팔이 소녀는 환한 얼굴로 좋아했다.

"역시 가장 많이 팔리는 장소는 시장이었네."

"맞아. 그러고 보니 시장에서 성냥을 팔 때는 장사하시는 분들, 그리고 물건 사러 온 분들, 모두 성냥이 필요하다며 사 갔던 것 같아."

"그럼 시장을 중심으로 성냥을 팔고, 때로는 광장을 들러 보는 것도 좋을 것 같아."

"그럼 되겠다. 근데 와리야, 네가 만든 표를 보니 나 또 생각난 것이 있어."

"뭔데?"

"일기장에 보면 내가 시간도 적어 뒀거든. 한 장소에 오래 있을 수 없어서 말이야. 근처에 시계가 있으면 시간별로 몇 개 나갔는지 확인하려고."

"아, 그래? 한번 볼까?"

나는 성냥팔이 소녀와 함께 일기장을 확인했다. 말 그대로 꼼꼼한 성냥팔이 소녀는 시간대별로 성냥 판매량을 적어 두었다. 우리는 장소와 마찬가지로 시간대별로 성냥 판매량을 적어서 표로 만들어 보았다.

"와리야, 보통 학교에서 돌아와 준비하고 4시 30분쯤 나가. 5시부터 9시까지 성냥을 팔았던 것 같아."

"그럼 5시, 6시, 7시, 8시 이렇게 나누면 될 것 같아."

■ 시간대별로 일주일간 팔았던 성냥의 개수 ■

시간	5시	6시	7시	8시	합계
성냥 판매	3	9	7	1	20

"아. 이렇게 보니 어느 시간대에 잘 팔렸는지 보이네."

"저녁 6시에 가장 많이 팔렸고, 7시에도 제법 팔렸는걸."

"생각해 보니, 8시 전까지 꽤 팔려서 좀 더 팔아 볼까 하고 버텨 보면 잘 안 팔렸어. 그래서 속상해하며 집으로 돌아왔던 기억이 나."

내가 어제 성냥팔이 소녀의 모습을 본 것도 8시 넘어서였다. 사람들은 북적거렸지만, 성냥을 사는 사람은 하나도 없었다.

"소녀야, 네가 왜 이런 표를 만들어 보려고 한 건지 알 것 같아."

"그렇지? 아무래도 무작정 나가는 것보다는 잘 팔리는 장소와 시간대에 집중해야 할 것 같았거든."

"너는 나보다 더 똑똑한 것 같아. 내가 뭘 도와주면 되는데?"

"와리야, 넌 충분히 도와줬어. 그래도 하나 부탁하자면……."

"부탁?"

"내가 성냥을 잘 팔 수 있도록 많이 응원해 줘."

"그거라면 내가 우리 동네 응원 대장이잖아. 걱정 마!"

"고마워, 와리야. 그럼 오늘부터 계획적으로 잘해 볼게."

"응. 한 달 뒤에 어떻게 됐는지 얘기해 줘!"

그렇게 성냥팔이 소녀에게 손을 흔들며 인사를 했다. 그리고 성냥팔이 소녀가 부탁한 것처럼 성냥이 많이 팔리길 열심히 응원했다.

성냥팔이 소녀는 틈틈이 쪽지로 소식을 전했다. 결과는 한 달 뒤 공개할 거지만 예전보다 따뜻한 겨울을 보내고 있다고 했다. 그 쪽지를 본 난 '아, 장사가 잘되고 있구나.' 하고 안심하다가도, '혹시 너무 장사가 안되어서 팔던 성냥을 다 피우면서 따뜻하게 지낸다는 걸까?' 하는 말도 안 되는 생각도 했었다.

한 달이 훌쩍 지났다. 그동안 나는 성냥팔이 소녀에게 장사가 잘되고 있는지 물어보고 싶었지만, 꾹 참았다. 우리가 만들었던 표 정리가 도움이 되었는지, 같은 조건으로 확인해 보고 싶었기 때문이다.

"소녀야, 잘 지냈어. 나 너무 궁금해. 지난달보다 성냥 많이 팔았어?"

"지난번, 정리한 표를 바탕으로 나는 시장에서 6시와 7시 사이를 집중해 팔았거든. 남는 시간은 광장을 돌았고."

"그래서 어떻게 됐는데?"

■ 한 달간 팔았던 성냥의 개수 ■

장소(시간)	광장(5시)	시장(6시)	시장(7시)	광장(8시)	합계
성냥 판매	15	85	95	5	200

세상에, 성냥팔이 소녀는 한 달 동안 무려 200개의 성냥을 팔았다.

"소녀야, 대단해. 열 배나 많이 팔다니!"

"이게 다 와리 네가 표 만드는 법을 알려 줘서 가능했던 거야."

"에이, 표를 만들려면 자료가 필요한데, 네가 꼼꼼하게 정리한 게 있으니까 가능했던 거라고."

"어쨌든 고마워. 그래서 작지만 선물을 준비했어."

성냥팔이 소녀는 주머니에서 선물 상자를 꺼냈다.

"네 개의 발에 꼭 맞는 장갑을 한번 만들어 봤는데, 어때?"

내가 좋아하는 빨간색, 파란색, 초록색, 노란색이 골고루 섞인 예쁜 장갑이었다.

"너무 따뜻하고 예뻐. 고마워, 소녀야!"

"그리고 나, 엄청난 계획을 한 게 있어."

"소녀야, 뭔데? 나도 알고 싶어."

성냥팔이 소녀의 얼굴은 한 달 전과 달랐다. 우울한 빛은 사라지고

환하고 따뜻한 느낌이었다.

"성냥을 팔면서 생각을 해 봤는데, 겨울에는 성냥을 많이 찾지만 봄이 되면 잘 찾지 않거든."

"맞아. 아무래도 덜 찾겠지?"

"그래서 성냥은 늦가을과 겨울에 팔고, 봄에는 봄과 어울리는 물건을 팔아 보려고."

"와, 맞네. 계절에 맞게 사람들이 필요로 하는 것들로?"

"응. 그래서 성냥을 팔면서 사람들을 좀 더 관찰하고, 또 주변 상인 어른들에게도 물어보려고."

"그러면서 우리가 완성했던 것처럼 표로 정리해 보고?"

"맞아, 와리야. 예전에는 성냥을 파는 일이 마냥 힘들었는데, 이렇게 표를 만들어 정리하고 분석하면서 계획을 세울 생각을 하니, 장사하는 일이 즐거워지려고 해."

기분 좋은 성냥팔이 소녀를 보니 나도 기분이 좋았다.

나는 집으로 가면서 한 가지 사실을 깨달았다.

'수학이라는 건 때로는 복잡해서 짜증 나지만, 이렇게 활용하면 꽤 괜찮은 녀석이구나!'

나도 한번 표를 만들어 볼까? 시우가 한 달 동안 몇 번이나 말썽을 피우고, 나를 괴롭히고, 숙제를 안 하는지 말이다. 만약 표로 정리해서 몰래 엄마 아빠께 보여 주면 어떻게 될까? 생각만 해도 짜릿하다.

아, 그나저나 급하게 해야 할 일이 떠올랐다. 성냥팔이 소녀가 만들어 준 장갑을 시우가 가져가지 못 하게 숨겨 둬야겠다.

자료 분류는 왜 하는 거예요?

분류라는 건 같은 종류들끼리 묶어 나누는 것을 말합니다. 같은 종류들끼리 나눌 때 가장 중요한 것은 바로 분명한 '기준'입니다. 그런데 기준을 어디에 두느냐에 따라 분류가 달라질 수 있습니다. 그렇다면 기준에 따라 항목을 분류하고, 분류한 수를 세고, 결과를 내면 복잡한 자료도 쉽게 정리하겠죠? 아래 문제를 풀어 보며 자료 분류를 해 보세요.

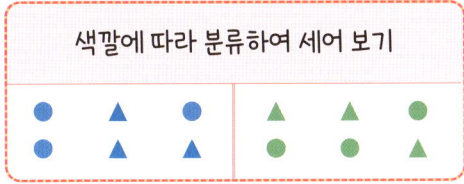

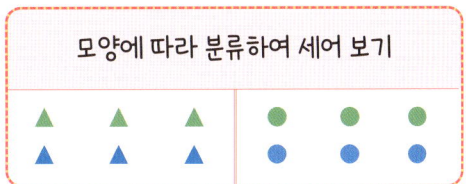

★ 와리가 친구들이 좋아하는 과일을 조사하여 분류하였습니다. 맞는 것에는 O표, 틀린 것에는 X표 하세요.

친구들이 좋아하는 과일			
사과	바나나	사과	사과
바나나	사과	바나나	포도

❶ 가장 많은 친구들이 좋아하는 과일은 바나나입니다.

❷ 가장 적은 친구들이 좋아하는 과일은 포도입니다.

과일	사과	바나나	포도	합계
학생 수(명)	4	3	1	8

정답: ❶ X, ❷ O

이야기 둘

피리 부는 아저씨는 자료 정리로 일한 대가를 받았어

📖 자료를 조사하여 표로 나타내기

이상한 학교가 있는 이상한 마을에서는 축하 잔치가 자주 열리는 편이다. 나는 그때마다 즐겁다. 마을 사람들과 친구들 모두 행복하니까.

오늘도 역시 축하 잔치가 한창이다.

"마을을 엉망으로 만들던 쥐 떼가 모두 사라졌습니다. 그동안 무서웠죠? 이제 모두 안심하세요!"

시장의 말에 마을 사람들은 모두 잔을 높이 들고 축하했다. 그렇다. 지난 몇 달간, 이상한 마을은 쥐 떼가 들끓었다. 하지만 어른들이 힘을 모아 쥐를 없앴다고 했다. 역시 어른이 되면 모든 것을 다 해결할 수 있는 모양이다. 얼른 어른이 되는 방법은 없을까?

나는 친구들과 함께 놀이터에서 잔치를 즐기고 있었다. 한쪽 편에 마련된 탁자 위에는 과자, 주스, 샌드위치 같은 음식들로 가득했다.

그때 멀리서 피리 소리가 들려왔다.

나와 동네 아이들은 피리 소리가 나는 곳으로 갔는데, 우리도 모르게 피리 소리에 맞춰 춤을 추게 되었다. 피리를 부는 아저씨는 키도 크고 좋은 옷을 입고 있었다.

"얘들아, 즐겁니?"

"네!"

"나는 피리 부는 아저씨란다. 평생 너희를 즐겁게 해 줄게."

우리는 마치 무엇에 홀린 듯 피리 부는 아저씨를 따라갔다. 그러다가 뚝, 피리 소리가 끊겼다.

"마을의 모든 어린이가 따라왔군. 흐흐흐."

피리 소리가 멈추자, 왠지 모르게 으스스한 느낌이 들었다. 그리고 피리 부는 아저씨가 무섭게 느껴졌다.

"여기가 어디지? 우리 집에 갈래요."

"나도요!"

여기저기서 아이들은 집으로 돌아가겠다고 외쳤다. 하지만 피리 소리만 듣고 따라온 아이들은 이곳이 어디인지 도통 알 수가 없었다. 심지어 어두컴컴해진 나머지, 앞이 보이지도 않았다.

"이 마을의 쥐 떼를 없앤 사람이 누군지 알아? 바로 나라고! 그런데 뭐? 쥐를 잡아 주면 돈을 두둑이 챙겨 주겠다고 하더니, 이제는 쥐들이 알아서 없어진 거라니. 그게 말이 돼?"

피리 부는 아저씨의 말에 나는 어처구니가 없었다. 시장 아저씨가 약속을 안 지켜서 우리 모두를 납치한 거니까.

"으아아아앙!"

"무서워요."

"집에 보내 주세요!"

아이들은 울음을 터뜨리기 시작했다. 나도 울음이 터져 나올 것만 같았지만, 꾹 참았다. 왜냐하면 나는 영리하고 현명한 강아지 와리니까!

"아저씨, 할 말이 있는데요."

"네가 와리로구나. 왜? 오줌 마렵니?"

"아뇨. 그게 아니라, 돈을 못 받았다고 이러시는 건 좀……."

"좀, 뭐, 무서워서 오줌 마렵다고?"

"아뇨. 저는 하나도 안 무서워요. 그냥 아저씨가 좀 더 현명했으면 좋겠어요!"

피리 부는 아저씨가 오줌 마렵냐고 하는 바람에, 나도 모르게 목소리가 커졌다. 마치 피리 부는 아저씨를 혼내는 것처럼 들렸나?

피리 부는 아저씨의 얼굴은 어두워졌다. 울던 아이들은 울음을 뚝 멈추고 나를 쳐다봤다.

"너희 모두를 없애려고 했는데, 강아지 와리 네 녀석을 대표로 없애면 되겠구나."

"아뇨. 우리 모두 없어지지 않을 거예요."

"뭐?"

"아저씨가 화가 난 건, 쥐를 없애 주면 돈을 주겠다고 한 어른들이 약속을 지키지 않아서잖아요."

"맞아."

"이렇게 저희한테 화풀이하지 말고, 정정당당하게 일한 대가를 요구하자구요."

"어떻게?"

"이렇게 해 봐요. 쥐가 많이 나온 곳에서는 많이 내고, 적게 나온 곳에서는 적게 내라고 하면 되지 않을까요?"

"다들 자기네 집에서는 쥐가 알아서 없어졌다고 하는데 뭘."

이때, 나처럼 울지 않고 혼자서 골똘히 생각하던 꼬마 '아이작'이 손을 들고 나섰다.

"아니에요. 아저씨가 피리를 불면 우리가 그랬던 것처럼 쥐들이 따라가는 걸 제가 다 봤어요. 그리고 그 수를 다 세고 적어 뒀다고요."

"정말이니?"

저는 쥐가 무섭지만, 수 세기를 워낙 좋아해서 습관적으로 적어 두거든요. 여기 제 수첩을 보세요."

우리는 아이작이 꺼낸 수첩을 살펴봤다. 그 수첩 안에는 정말 장소별로 상세하게 쥐의 수가 적혀 있었다.

나는 아이작의 수첩을 보면서 표로 만들었다.

■ 이상한 마을에서 사라진 쥐의 수 ■

쥐 \ 장소	시청	정육점	은행	식료품점
검은 쥐	40	20	50	30
회색 쥐	60	30	50	20

"내가 없앤 쥐의 수는 300마리야."

"장소별로 다르지만, 우리가 작성한 표의 장소별 수를 합하면 총 300마리예요."

"아이작 네가 정확하게 셌구나."

"헤헤, 제가 워낙 수 세기를 좋아해서. 그런데 와리야, 이걸로 어떻게 하려고?"

"어른들과 협상을 해야지."

"협상?"

"우리에게는 세상에 공짜는 없다며 정직하게 살라면서, 정작 피리 부는 아저씨와의 약속을 어기면 안 되는 거잖아."

"그래."

"맞아!"

아이작은 물론, 좀 전까지 울고만 있던 아이들이 우리가 이야기 나누는 것을 듣고 있었던 모양이다. 내가 이야기하자, 모두가 내 말에 찬성했다.

"쥐를 잡으면 잡은 만큼 돈을 주겠다고 했으니, 어른들은 아저씨에게 한 약속을 지켜야 해."

"와리와 아이작이 작성한 이 표를 근거로 요구하자."

"아저씨가 나쁜 마음먹고 피리 소리로 우리를 이리로 데려온 것도 사실 어른들이 약속을 지키지 않아서라고!"

아이들이 의견을 모으고 있는데, 멀리서 웅성웅성 어른들의 목소리가 들렸다. 곧 어른들이 우리를 발견했다.

"아이들이 모두 여기 있어요!"

이때, 시장이 부리나케 달려왔다.

"피리 부는 사나이, 당신이 이런 끔찍한 일을 벌이다니! 용서하지 않겠소!"

"아이들을 데려가다니! 애들아, 이리로 오렴!"

어른들이 아이들에게 다가오려고 하자, 아이작이 그 앞을 막았다.

"약속을 지키지 않으면, 우리는 돌아가지 않을 거예요!"

"뭐라고?"

"애들이 피리 소리로 머리가 어떻게 된 거 아닐까요?"

"이봐, 자네. 우리 아이들한테 무슨 짓을 한 거야?"

시장을 비롯한 마을의 어른들이 피리 부는 아저씨를 나무랐다. 아이들이 무서운 눈으로 어른들을 상대하는 모습을 본 피리 부는 아저씨는 당황했다.

"그게 저…… 시장님께서 하신 약속을……."

"내, 내가? 무, 무슨 약속을…….'

시장은 주변 사람들 눈치를 보며 말을 더듬었다.

"쥐를 잡는 만큼 돈을 주겠다고 하셨다면서요!"

아이작이 씩씩하게 말하자, 어른들은 놀라서 눈을 동그랗게 떴다.

"당연하지. 우리 모두 돈을 모아 줬잖아요."

"맞아요. 우리 집은 식구가 많다고 더 많이 걷어 갔는데."

"어떻게 된 거죠, 시장님?"

"시장님! 얘기해 보세요!"

뭔가 분위기가 이상했다.

알고 보니, 마을 사람들 모두 돈을 냈다. 모은 돈은 시장이 대표로 피리 부는 아저씨에게 전달하기로 했다. 하지만 시장이 피리 부는 아저씨에게 돈을 주지 않고 가로챈 것이었다.

"아이작과 제가 표를 만들었어요. 그리고 피리 부는 아저씨가 없앤 쥐들의 수와 비교했는데, 총 합이 300마리로 동일했고요."

 나는 아이작과 만든 표를 어른들에게 보여 줬다. 그 표를 본 시장이 더듬더듬 말을 시작했다.

 "그, 그게, 마을 사람이 모은 돈은 은행에 안전하게 넣어 뒀다고요. 우리 마을의 발전을 위해서."

 "시장님, 은행장이 누구죠?"

 "은행장? 뭐 그게……."

 맞다. 이 마을의 시장은 마을의 유

일한 은행의 은행장이기도 했다.

"이거, 안 되겠네. 이렇게 신뢰할 수 없는 사람을 어떻게 믿고 시장 자리를 준 거지?"

"그러게요. 우리 모두 시장님의 거짓말에 깜빡 속았나 봐요."

어른들이 서로 불평하는 동안 아이들은 상황을 파악했다. 그래도 자신들이 원래 하려는 얘기는 잊지 않았다.

"지금이라도 약속을 지키세요."

"맞아요. 우리 어린이들에게 정직해라, 거짓말하

지 마라, 매일 가르쳤잖아요."

"우리는 어른들이 약속을 지키고 있다는 걸 확인해야 돌아갈 거예요."

아이들은 나보다 훨씬 더 용감했다. 그런 아이들의 용감한 모습에 어른들은 일제히 시장을 쳐다봤다.

"하하하. 아, 알겠어요. 지금이라도 돈을 주면 되는 것이지?"

"저, 할 말이 있어요!"

앞치마를 맨 정육점 아저씨가 나섰다.

"사실 제 정육점과 식료품점은 장사를 해야 해서 쥐를 당장 없애야 했어요. 만약 빨리 쥐를 없애지 못하면 마을 사람들이 피해를 볼 테니까요. 피해 금액은 와리와 아이작이 작성한 표를 근거로 해서 냈으면 좋겠는데요."

"그럼 우리가 냈던 돈은요?"

"그건 시장님이 그대로 돌려주실 거죠?"

모두가 일제히 시장을 쳐다봤다.

"네……. 뭐, 돌려줄게요. 그럼, 표의 쥐 수만큼 금화로 준비하겠소, 피리 부는 사나이."

"피리 부는 사나이, 오해해서 미안하오."

식료품점 아저씨와 정육점 아저씨는 피리 부는 아저씨에게로 가서 돈을 주기로 약속하고 사과했다. 그리고 똘똘이 아이작이 다시 나섰다.

"제가 어른들이 이야기 나누는 동안, 피리 부는 아저씨에게 줘야 할 금화 개수를 다시 표로 만들어 봤어요. 시장님이 관리하는 곳인 시청과 은행. 아, 이곳에서 쥐가 특별히 많이 나왔어요."

"세상에, 시청과 은행이 지저분하더라니."

"맞아요. 괜히 정육점과 식료품점이 피해를 본 것 같네요."

"자, 그럼, 시장님은 시청과 은행 각각 100마리씩 해서 200마리이니, 금화 200개 준비하시고요."

■ 장소별로 사라진 쥐의 수만큼 줘야 할 금화 개수 ■

금화 줄 사람	시장 아저씨(시청, 은행)		정육점 아저씨	식료품점 아저씨	합계
금화 개수	100	100	50	50	300

표를 보던 정육점 아저씨와 식료품점 아저씨는 주머니에서 금화 50개를 꺼내 피리 부는 아저씨에게 전달했다.

"시장님은 200개나 준비해야 하니 지금 없죠? 내일 아침까지 준비해 주세요."

"아저씨, 우리가 함께 가져올 테니 걱정하지 마요."

고개 숙인 시장이 고개를 끄덕였다.

모든 문제가 해결되자, 모두 박수를 치며 기뻐했다. 그리고 아이들은 기분 좋게 부모님을 향해 달려가 품에 안겼다.

다음 날, 피리 부는 아저씨에게서 전화가 왔다. 나와 아이작 덕분에 돈을 모두 받았다고 말이다. 그리고 앞으로는 화가 난다고 복수할 것이 아니라, 차분하게 대화로 해결하겠다고 했다.

아이작과 나는 서로 손뼉을 짝 쳤다.

"왠지 좋은 친구가 될 수 있을 것 같은걸."

이렇게 기뻐하고 있는데, 정육점 아저씨가 우리를 보더니 달려왔다.

"여기에 있었네. 우리 마을 시장 선거를 다시 할 예정이거든. 너희들이 도와줘야겠어."

"저희가요? 뭘, 어떻게……."

"선거 끝나고 개표할 때 각 후보들이 몇 표씩 받았는지 표로 만들어야지."

우아, 마을 시장 선거에서 이렇게 중요한 일을 맡게 되다니. 일기장에 자세하고 꼼꼼하게 적어서 평생 오늘을 잊지 말아야지!

집으로 돌아오니 시우가 책상에서 무언가 열심히 하는 중이었다.

'무슨 일이지? 시우가 공부를 열심히 할 리가 없을 텐데.'

　이런 생각을 하고 있는데, 시우는 내가 온 것을 알고서는 자리에서 일어나 다가왔다.

　"잘됐다. 와리 앞에서 연습해 봐야지."

　나는 어리둥절했다. 시우가 노래라도 하려는 걸까?

　"안녕하세요! 반장 선거에 나온 여러분의 다정한 친구, 시우입니다."

　시우가 반장 선거에 나갈 건가 보다. 제법 씩씩한 목소리로 연설하는 모습을 보니 괜히 뿌듯했다.

　'시우야, 너는 정직하고 공정한 반장이 되어야 해. 물론 선거에서 이겨야겠지만 말이야.'

자료를 조사해서 표로 만들어 볼까요?

시우네 반 학생들이 좋아하는 간식을 조사하였어요.

시우네 반 학생들이 좋아하는 간식

이름	간식	이름	간식	이름	간식
가희	떡볶이	나연	빵	다연	치킨
도윤	피자	민지	떡볶이	민준	피자
보민	피자	사랑	떡볶이	수지	치킨
수호	떡볶이	시율	빵	예린	떡볶이
은유	피자	지원	피자	지민	치킨
태수	치킨	해수	피자	현준	피자

❶ 피자를 좋아하는 학생은 모두 몇 명인가요?

❷ 조사한 학생은 모두 몇 명인가요.

★ 조사한 자료 중 피자를 먹은 학생의 수를 그래프로 나타내어 보세요.

시우네 반 학생들이 좋아하는 간식

7				
6				
5	●			
4	●			●
3	●			●
2	●	●		●
1	●	●		●
학생수(명) / 간식	떡볶이	빵	피자	치킨

정답: ① 7, ② 18명, ★ 그래프의 추가 가지 ●표를 통아 주세요.

학교 가는 길, 길가에 개나리와 벚나무들이 한창 예쁜 꽃송이들을 피우고 있었다.

'우아, 이제 봄이네. 친구들은 내가 낭만적인 강아지라는 걸 알까?'

이상한 학교의 친구들은 나만 보면 장난치거나 놀리려고 한다. 단 한 명, 베짱이는 제외다.

베짱이는 우리 학교의 최고 멋쟁이다. 베짱이는 못 다루는 악기가 없다. 특히 기타와 바이올린 연주를 잘한다. 또 베짱이가 노래를 부르면 나도 모르게 따라 부르게 된다.

그런데 요즘 베짱이를 보기 힘들다. 수업이 끝나면 쏜살같이 사라진다. 쉬는 시간에도 자리에 없었다. 그래서 요즘 베짱이의 연주와 노랫소리를 들을 수 없었다. 걱정이 된 난 베짱이에게 편지를 썼다.

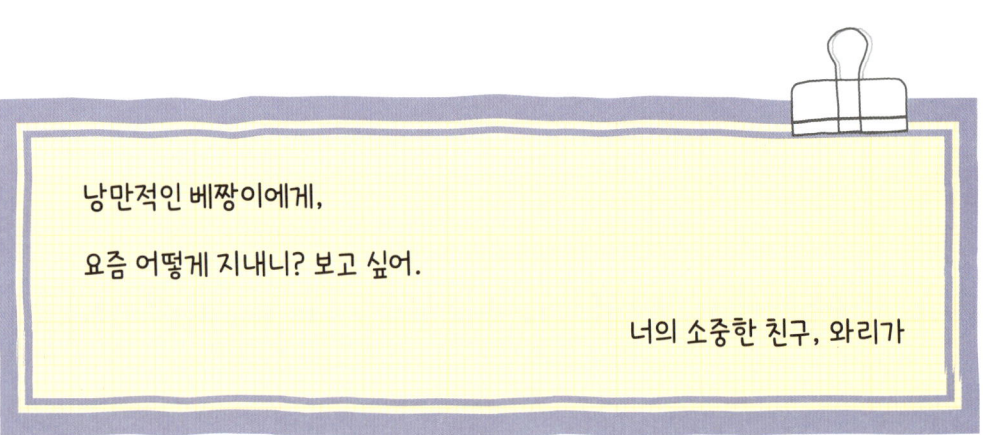

낭만적인 베짱이에게,

요즘 어떻게 지내니? 보고 싶어.

너의 소중한 친구, 와리가

내 편지를 읽은 것일까? 며칠 후 학교에 왔더니 책상 위에 베짱이의 편지가 놓여 있었다.

와리에게,

안녕! 내가 요즘 무척 바쁘거든. 학교 끝나고 우리 집으로 잠깐 올래? 너에게 할 이야기들이 잔뜩이야.

베짱이가

베짱이의 답장을 받은 난 정말 기뻤다. 한달음에 베짱이의 집으로 달려갔다.

'이 아름다운 숲길을 지나다 보면, 베짱이의 연주 소리가 들리겠군. 자, 셋, 둘, 하나!'

숫자를 다 세었는데도, 베짱이의 연주 소리가 들리지 않았다. 이런 일은 처음이었다.

'무슨 일이지? 음악을 사랑하는 베짱이는 늘 연주를 하는데…….'

나는 고개를 갸웃거리며 베짱이네 집 문을 두드렸다.

똑똑똑.

베짱이가 문을 열며 말했다.

"어서 와, 그동안 바빠서 얘기도 못 했네."

평소와는 달리, 베짱이는 걱정 가득한 얼굴로 나를 반겼다.

"무슨 일 있는 건 아니지? 좀 달라진 것 같기도 하고."

"나, 인생의 목표가 달라졌어. 이젠 게으름 피우지 않을 거라고."

"베짱아, 게으름이라니. 나는 노래하고 연주하는 네 모습이 정말 멋있었는데?"

"멋있다고? 아니야. 지난겨울에 무슨 일이 있었냐 하면……."

"지난겨울? 무시무시하게 추웠던 그 겨울?"

"어. 나는 작년 따뜻한 계절 내내 노래를 부르고 바이올린을 연주하며 시간을 보냈어. 좋은 날에 부지런히 일하는 개미가 엄청 불쌍해 보였지. 그런데 말이야, 추운 겨울이 왔는데 집에 먹을 게 다 떨어진 거야. 그래서 난 옆집 개미에게 음식을 구할 수 없냐고 물어봤지."

"개미는 부지런하니까, 음식을 제법 모아 뒀겠는걸."

"맞아. 개미네 집은 따뜻했고, 맛있는 음식 냄새로 가득하더라고."

"다행이다. 잘사는 이웃이 네 친구여서."

"그렇지 않아. 개미는 나에게 음식을 하나도 나눠 주지 않았어."

"뭐? 왜?"

"자기는 날씨가 좋아도 놀러 가지 않고 부지런히 일했는데, 그때 나는 놀고 게으름을 피웠다는 거야."

"아······."

개미가 베짱이에게 한 말에, 괜히 나도 찔렸다.

"베짱아, 그래서 개미가 너를 쫓아냈구나."

"아니. 쫓아낼 줄 알았는데, 개미는 울고 있는 나에게 한 가지 약속할 수 있냐고 물었어."

"어떤 약속?"

"만일 지금과 다르게 부지런한 생활을 하고, 일이 다 끝난 뒤에 음악을 즐긴다면, 나에게 음식을 나눠 줄 수 있다고 했어."

"어유, 낭만적인 베짱이에게 개미 같은 성실함이라니."

"그치? 그날 다짐했어. 나도 개미만큼, 아니 개미보다 더 성실하게 일하겠다고. 이제 '게으름과 안녕!' 할 거라고!"

"베짱아, 개미만큼 성실하게 산다는 걸 어떻게 증명해?"

"와리야, 전에 수업 시간에 '자료를 조사하여 표 나타내기' 공부한 거 기억 안 나? 요즘 나는 나와 개미가 하루에 일한 시간을 기록하고 있어."

"정말? 보여 줄 수 있어?"

"그럼!"

베짱이는 그동안 꼼꼼하게 기록한 것을 보여 주었다. 기록장에는 베짱이와 개미가 일한 시간이 모두 적혀 있었다.

"어때? 나 열심히 일하지?"

"글쎄. 이걸로 봐서는, 잘 모르겠어. 언뜻 개미가 꾸준히 더 열심히

하는 것 같기도 하고."

"그래? 나 진짜 열심히 했는데, 왠지 힘이 빠지네."

이때 문밖에서 개미의 목소리가 들렸다.

"베짱아, 너 또 일 안 하고 놀고 있는 거야?"

나는 개미 목소리에 깜짝 놀랐다.

"아, 아냐. 와리가 집에 와서."

"그래? 그럼 나 들어가도 돼?"

"그럼!"

개미가 문을 열고 베짱이의 집 안으로 들어왔다. 개미는 평소와는 다르게 깐깐한 눈빛으로 집 안 이곳저곳을 살폈다.

"정리 정돈이 잘 되어 있네. 훌륭해."

개미는 제법 단호하게 말했다.

그 말을 들은 난 개미 같은 친구가 없는 게 다행이라고 생각했다.

"그런데, 너희 뭐 하고 있었어?"

"개미야, 네가 일한 시간과 내가 일한 시간을 꼼꼼하게 기록했다고 했잖아. 와리와 함께 그 기록을 표로 만들어 봤어."

"나 좀 봐도 돼?"

"자, 여기."

처음에는 심각한 얼굴로 표를 보던 개미가 살짝 누그러진 표정으로 말했다.

"베짱이 네가 작년에는 맨날 놀기만 했으니, 더 나아질 수밖에. 그런데 말이야."

"그런데 뭐?"

"와리야, 너는 영리한 강아지잖니. 이 표를 보니 베짱이가 매일 몇 시간을 일했는지 분명히 알 수 있어. 하지만……."

"한눈에 들어오지 않는다는 말이지?"

"역시, 듣던 대로 우리 학교 최고 똑똑이 맞네! 혹시 생각해 놓은 거 있어?"

"개미야, 그게 말이야. 내가 얼마 전에 표 만드는 재미에 빠져 있다가 그래프라는 것을 알게 되었거든."

"그래프?"

"응. 이 표를 보면 매일 어느 정도 일했는지 알 수는 있어."

"이 표로는 개미가 일한 시간이 훨씬 빡빡한걸."

"맞아. 그건 사실이야."

내가 그린 그래프를 한참 보던 개미는 이내 미소를 지었다.

"그러니까 이 그래프로 알 수 있는 건, 베짱이 네가 변하고 있다는

🌸 베짱이가 지난 7일간 일한 시간　　🌸 개미가 지난 7일간 일한 시간

사실이네. 맞지?"

"맞아!"

나는 순간 개미의 똑똑함에 깜짝 놀랐다. 동시에 똑똑한 친구를 만나 반가웠다. 혹시 내 영혼의 짝꿍은 낭만주의자 베짱이가 아니라 똑똑이 개미가 아닐까?

"표를 꺾은선그래프로 만들어서 보면, 나는 꾸준한 반면 베짱이 그래프는 어때 보여?"

"음. 이렇게 붉은색으로 그려 보니 왼쪽은 아래로 내려가 있지만, 오른쪽으로 갈수록 점점 올라가고 있어. 그런데 이게 뭐?"

"베짱아, 이 그래프는 네가 바로 오늘보다 내일, 내일보다 모레, 점점 더 나아지고 있다는 증거지."

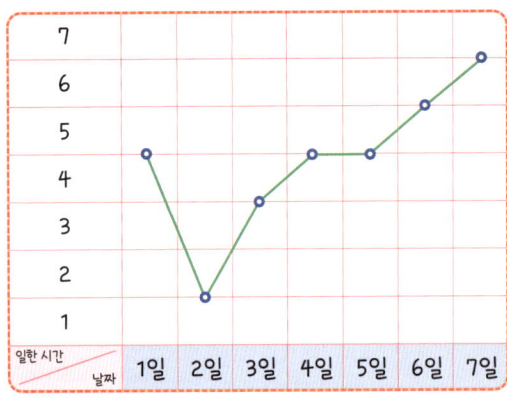
◎ 베짱이가 지난 7일간 일한 시간

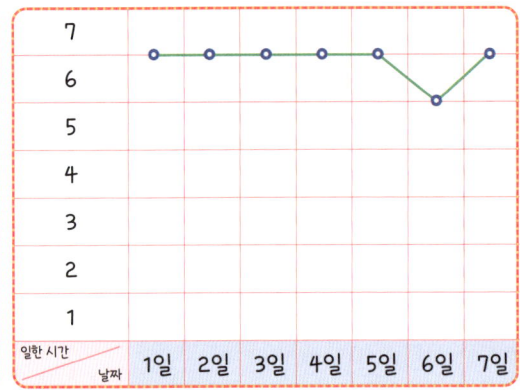
◎ 개미가 지난 7일간 일한 시간

"아, 성장 그래프구나!"

"맞아! 그렇게 표현할 수 있지."

"오른쪽으로 점점 위로 올라가는 그래프. 나는 매일 부지런함으로 성장하고 있다고!"

"와리야, 고마워. 이 그래프를 보니 한 번에 이해가 되네."

"내가 뭘 한 게 있다고."

"베짱이는 멋진 연주가인데, 그 모습이 조금 얄미웠나 봐. 하지만 막상 겨울이 되고 굶어 죽을 것만 같은 베짱이를 보니까, 화가 나 언성을 높여 화를 냈어. 막 내쫓으려고 했고."

"뭐야, 개미 너, 진심이었던 거야?"

"마저 들어 봐. 나는 베짱이 네가 내 말을 안 들을 거라 생각했어. 그런데 이렇게 꾸준히 달라지고 있는 모습을 보니까……. 친구지만 존경해."

냉정한 줄 알았던 개미의 진심을 알게 된 것 같아 지켜보는 내가 괜히 코끝이 찡해졌다.

"개미야, 고마워. 네 덕분에 내가 달라졌어. 그리고 와리야."

"응?"

"나도 너처럼 성실하게 공부할래. 표라는 거, 그리고 그래프라는 거, 신기하지만 참으로 유용한 것 같아. 나 같은 게으름뱅이도 금방 이해할 수 있으니 말이야."

"베짱아, 너 어리광 피우지 마."

개미가 차갑게 말했다.

"개미야, 내가 무슨 어리광을 피웠는데?"

"너는 게으름뱅이가 아니야. 감수성이 풍부한 낭만주의자라고. 와리야, 네 생각은 어때?"

"나도 그렇게 생각해. 그런 의미에서 시간 될 때 바이올린 좀 가르쳐 줄 수 있어?"

"바이올린을?"

"그래. 요즘 들어 너의 바이올린 소리가 그립긴 해. 예전에는 자주 연주했잖아. 나에게도 가르쳐 줘."

"개미 너까지. 좋아. 그럼 내 계획표를 보니 매주 수요일 이상한 학교 수업 끝나고 30분, 어때?"

"오, 계획적인 베짱이!"

"나보다 나은데? 계획표도 있고! 하하하."

서로 다른 둘이 이렇게 친해질 수 있다니! 이게 다, 누구나 알아보기 쉬운 그래프 때문일 거다.

집으로 돌아오자마자 피곤했던 난 곧바로 잠이 들었다.

"끼기깅. 끼기깅."

귓가를 스치는 소음에 번뜩 잠에서 깼다. 소리가 난 곳에서 시우가 바이올린을 켜고 있었다. 시우는 지난주부터 바이올린을 배우기 시작했다.

"시우야, 네가 하고 싶어서 시작한 거니까, 학원 끝나고 30분씩 연습해야 한다. 알겠지?"

엄마의 말에 시우는 비장했다.

그날 이후 일주일째, 시우는 매일 바이올린 연습을 한다. 보통 3시에 시작

해서 3시 30분에 끝난다. 그런데 오늘은 4시까지 연습했다. 다른 때보다 30분이나 더 연습한 것이다.

  무슨 바람이 불어서 바이올린 연습에 매진하는 건지는 모르겠지만 시우 몰래 연습하는 시간을 표로 작성하고, 그래프를 만들어야겠다. 아직 연주가 서툴러 소리가 아름답지는 않지만 참아 보려고 한다. 시우가 멋진 소리로 바이올린을 연주할 때까지 말이다.

그래프의 종류를 알아봐요

그래프란 한눈에 알아보기 쉽게 직선이나 곡선으로 나타낸 것을 말합니다. 그렇다고 직선과 곡선으로 된 그림을 무조건 그래프라고 하지는 않습니다. 그림그래프와 막대그래프는 조사한 통계의 양을 한눈에 보기 쉽도록 한 그래프입니다. 원그래프는 전체에 대한 각 부분의 비율을 원 모양으로 나타낸 그래프입니다.

■ 와리와 친구들이 먹은 사과 개수 ■

이름	🐶	👦	🕷	🎩	합계
개수	4	2	3	5	14

정리한 표를 보고 사과를 먹은 개수를 그림그래프, 막대그래프, 원그래프로 나타내면 다음과 같습니다.

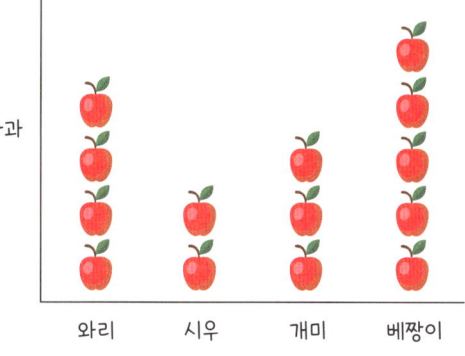
● 그림그래프

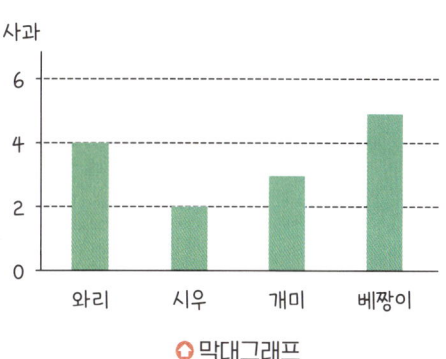
● 막대그래프

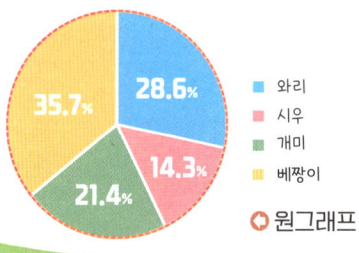

● 원그래프

● 책 속 부록 ●

개념이 속속 들어오는
엄마표 수학놀이

▶ 유튜브 '수랄라TV'에서 쉽고 재미있는 수학 콘텐츠를 제작하고 있는 엄마, 수랄라쌤이 추천하는 수학놀이로 개념과 원리를 꼭꼭 다져 주세요!

모델 곽준서, 곽현서

- **수학놀이 1** 지하철 노선도를 활용한 표 만들기
- **수학놀이 2** 내가 그리는 올림픽 메달 세계 지도
- **수학놀이 3** 바둑알을 튕겨라
- **수학놀이 4** 나의 키를 꺾은선그래프로 그려 보자
- **수학놀이 5** 냠냠 쩝쩝! 맛있는 원그래프

001 지하철 노선도를 활용한 표 만들기

★ **준비물** 지역별 지하철 노선도, 국어 14칸 공책, 연필

★ **놀이 목표** 모은 자료를 표로 나타내기

★ **놀이 효과** 아이는 일상에서 접하는 다양한 자료를 수집하고, 기준에 따라 분류하여 표로 정리하는 방법을 배웁니다. 이 과정을 통해 분류 기준의 중요성을 깨닫고, 명확한 기준이 없으면 결과가 달라질 수 있음을 이해할 수 있습니다. 또한 자료를 정확하게 분류하고 해석하는 활동을 통해 수학적 사고력을 기르고, 표를 활용하는 편리함을 자연스럽게 익힐 수 있습니다.

놀이 방법

❶ 아이와 함께 지역별 지하철 노선도를 함께 살펴보세요.

- **엄마:** 준서야, 우리나라에는 어떤 지역에 지하철이 있는지 알고 있니?
- **아이:** 모든 지역에 있지 않나요?
- **엄마:** 모든 지역에 지하철이 있는 건 아니란다. 서울, 인천, 경기 등 수도권 지역과 대구, 부산, 광주, 대전처럼 몇몇 주요 도시에만 지하철이 있어. 우리 이 지역들의 지하철 노선도를 함께 살펴볼까?

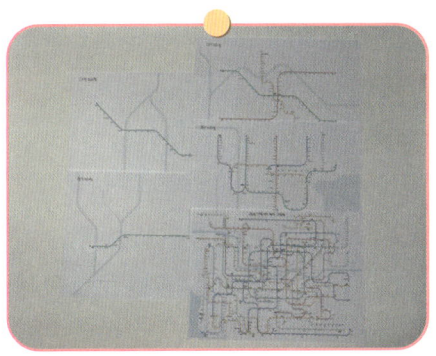

❷ 다양한 기준으로 지역별 지하철 노선도의 분류 기준을 알아보세요.

- **엄마:** 준서야, 여기 우리가 살펴본 지하철 노선도를 다양한 기준으로 분류해 보려고 해. 어떻게 분류해 보면 좋을까?
- **아이:** 예쁜 색깔 노선이랑 아닌 노선으로요.
- **엄마:** 하지만 '예쁜 색깔'이라는 기준은 사람마다 다를 수 있어. 어떤 사람은 노란색과 초록색이 예쁘다고 생각할 수 있고, 어떤 사람은 하늘색과 보라색을 예쁘다고 생각할 수 있지. 그래서 기준이 명확하지 않으면 사람마다 다르게 분류할 수 있어서 정확한 정보를 얻기 어렵단다. 기준이 명확한 방법으로 분류해 보는 게 중요해!
- **아이:** 아하! 그럼 여기 자료처럼 **지역별로 분류**하거나 노선 색깔 별로도 분류할 수 있네요?
- **엄마:** 맞아! 그렇게 하면 분류의 기준이 명확하니까, 누구나 정확하게 분류할 수 있지!

❸ 아이와 함께 지역별 지하철 노선도의 분류 기준을 세워 보세요.

- **아이:** 그런데 지하철 노선도에서 요기 신호등 모양은 뭐예요?
- **엄마:** 그건 다른 노선으로 갈아탈 수 있는 환승역이란다.

- **아이:** 환승역이 몇 개 있는지 궁금해요!
- **엄마:** 그럼 우리 지역별로 환승역이 몇 개 있는지 세어서 표로 나타내 보자.

❹ 아이와 함께 지하철 노선을 지역별로 분류하고, 지역별 환승역 수를 표로 만들어 보세요.

- **아이:** 대전하고 광주는 환승역이 없어요!
- **엄마:** 그러네. 그럼 환승역 수 합계도 적어 보자. 우리나라 지하철 전체 환승역 수를 알 수 있을 거야!

❺ 아이와 만든 표를 가지고 대화를 나눠 보세요.

- **엄마:** 오늘 표를 만들면서 새롭게 알게 된 게 뭐였어?
- **아이:** 분류할 때 기준을 명확히 정하는 게 중요하다는 걸 알았어요.
- **엄마:** 맞아, 기준이 중요하지. 노선도로만 볼 때와 표로 정리했을 때 어떤 차이가 있었어?
- **아이:** 표로 보니까 각 지역에 환승역이 몇 개 있는지 정확하게 알 수 있었어요!

생각해 보는 수학 Tip

알고자 하는 내용을 조사하거나 연구하여 정리해 놓은 것을 자료라고 해요. 자료를 표로 정리하면 복잡한 정보를 체계적으로 비교할 수 있어 편리해요. 하지만 표만으로는 자료의 변화를 직관적으로 보기 어려운 경우도 있어요. 이럴 때는 자료를 그래프처럼 다른 방식으로 표현하면 한눈에 더 쉽게 이해할 수 있답니다. 표로 정리한 자료를 어떻게 다른 방식으로 표현할 수 있을지 한번 생각해 보세요.

002 내가 그리는 올림픽 메달 세계 지도

★ **준비물** 올림픽 국가별 메달 수 데이터, 세계 지도 도안, 사인펜

★ **놀이 목표** 올림픽 메달 수를 그림그래프로 나타내기

★ **놀이 효과** 아이는 조사한 데이터를 그림으로 표현하는 과정을 통해 자료를 시각적으로 쉽게 비교할 수 있음을 알게 됩니다. 직접 그림을 그리는 과정은 놀이에 대한 흥미를 높이고, 자료를 이해하며 시각적으로 표현하는 능력을 자연스럽게 기를 수 있습니다. 또한 그림그래프는 지역이나 위치에 따라 수의 많고 적음을 한눈에 파악할 수 있어, 실생활에서 자료를 이해하고 정리하는 데 유용하다는 것을 깨닫게 된답니다.

놀이 방법

❶ 아이와 함께 우리나라 지역별 인구수와 같은 큰 수의 데이터를 살펴보세요. 이때 표로 데이터를 보는 것과 그림그래프로 보는 것의 차이를 느낄 수 있도록 도와주세요.

- **엄마:** 인구수처럼 큰 수는 표로 보면 더 복잡해 보일 수 있어. 그런데 이렇게 그림그래프로 보면 한눈에 들어오지?
- **아이:** 네! 서울의 인구수가 가장 많고, 제주도의 인구수가 가장 적어요.

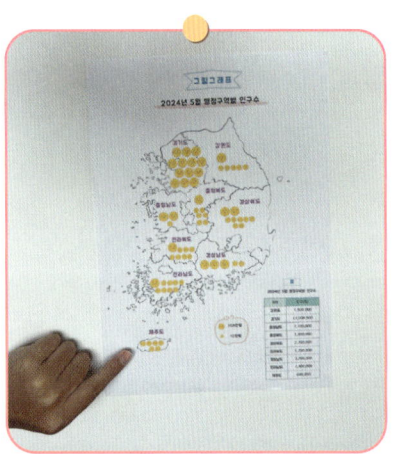

생각해 보는 수학 Tip

그림그래프는 조사한 수를 그림으로 나타낸 그래프예요. 큰 수를 간단하게 시각적으로 표현하여 한눈에 이해하기 쉽고, 위치도 표현할 수 있는 장점이 있습니다.

❷ 세계 지도와 세계 여러 나라의 올림픽 메달 수가 적힌 표를 준비해 주세요. 이때 메달 수에 따라 그림을 어떻게 그릴지 아이와 함께 생각해 보세요.

- **엄마:** 메달 수를 어떻게 그려야 간단하게 살펴볼 수 있을까?
- **아이:** 1등을 적을래요!
- **엄마:** 수에 따라 크기와 색깔을 다르게 해서 메달 그림을 표현하면 더 쉽게 비교할 수 있단다. 우리가 표현할 메달 수가 50개, 10개, 1개니까, 각각 다른 크기로 모양을 그려 보자.
- **아이:** 저는 크기를 다르게 그리면서 모양도 조금씩 바꾸고 싶어요. 50개는 큰 날개 달린 메달로 하고, 10개는 메달에 '1'이라고 적고, 1개는 그냥 숫자 '1'로 표현할래요.

❸ 세계 지도에 각 나라의 메달 수를 적은 후, 그 나라의 위치에 직접 메달 그림을 그려 보세요. 그리고 세계 올림픽 메달 수를 그림그래프로 나타내 보세요.

놀이 Tip

지구본을 함께 보며 각 나라의 위치를 살펴보면서 활동하면, 세계 지리도 익힐 수 있어요. 아이의 흥미를 더욱 끌어올릴 수 있답니다.

❹ 완성된 그림그래프를 보고, 어느 나라가 가장 많은 메달을 땄는지 이야기를 나눠 보세요.

- **엄마:** 그림그래프를 보니까, 어떤 나라가 가장 많은 메달을 땄는지 바로 알 수 있지?
- **아이:** 네! 미국이요!

❺ 활동하면서 느낀 점과 그림그래프의 장점에 대해 이야기를 나눠 보세요.

- **엄마:** 그림그래프를 그려 보니 어땠어?
- **아이:** 제가 생각한 그림으로 그래프를 그리니까 정말 재미있었어요!
- **엄마:** 그래, 그림그래프는 많은 수를 한눈에 비교하고 이해하기 쉽게 만들어 준단다. 표로 보는 것보다 더 쉽게 알아볼 수 있어서 편리하지.

생각해 보는 수학 Tip

그림그래프는 조사한 수를 그림으로 나타낸 그래프예요. 그림그래프 그리는 방법은 아래와 같아요.

그림그래프 그리는 방법

1. 조사한 자료를 몇 가지 그림으로 나타낼지 정해요.
2. 자료를 나타내는 데 알맞은 그림을 정해요.
3. 조사한 자료의 수에 맞게 그림을 그려요.
4. 그림그래프에 알맞은 제목을 붙여 완성해요.

① 어떤 그림으로 나타낼까?
② 1단위, 10단위는 어떻게 다르게 표시할까?

003 바둑알을 튕겨라

★ **준비물** 바둑알(검은색 다섯 개, 흰색 다섯 개), 포스트잇, 마스킹테이프, 사인펜

★ **놀이 목표** 표 만들기와 막대그래프 나타내기

★ **놀이 효과** 막대그래프는 표보다 각 항목의 수를 한눈에 비교하기 쉬운 장점이 있습니다. 놀이 결과를 표로 정리하고 막대그래프로 나타내면서, 누가 승자인지를 직관적으로 이해할 수 있습니다. 이 과정에서 아이는 점수를 합하며 연산을 즐겁게 배우고, 데이터를 시각적으로 표현하는 그래프의 장점을 이해할 수 있습니다.

놀이 방법

❶ 마스킹테이프로 책상이나 바닥에 바둑알을 튕길 출발선과 함께 1점, 2점, 3점 구간의 점수판도 만들어 주세요.

놀이 Tip

점수판의 모양은 자유롭게 만들어도 좋아요. 아이의 연산 실력에 맞춰 점수를 조정해 주시면 더 효과적이에요.

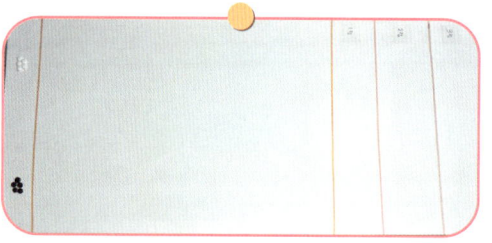

❷ 각자 순서를 정해 바둑알을 튕기거나, 함께 동시에 바둑알을 튕겨 점수판에 도달하게 해요. 게임을 시작하기 전에 바둑알을 몇 번씩 튕길지, 그리고 바둑알이 점수판 밖으로 떨어졌을 때의 점수 등 규칙을 함께 논의하고 정해 보세요.

- **엄마:** 바둑알을 몇 번씩 튕길까?
- **아이:** 다섯 번이요!
- **엄마:** 좋아, 그럼 다섯 번씩 튕기기로 하고, 만약 바둑알이 점수판 밖으로 나가면 몇 점으로 할까?
- **아이:** 0점이요!

❸ 부모님께서 점수를 기록할 수 있는 표를 만들어 주세요.

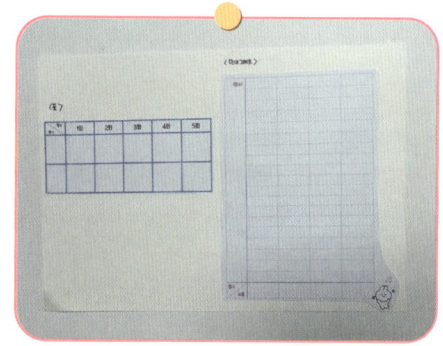

❹ 아이가 직접 점수를 기록할 수 있도록 도와주시고, 표에 적절한 제목도 함께 정해 보세요. 아이가 바둑알을 튕길 때마다 표에 점수를 기록하면서, 표를 읽고 이해하는 방법을 자연스럽게 익히게 됩니다.

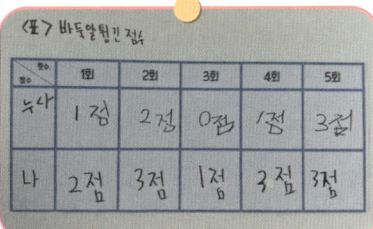

❺ 표의 가로축에는 횟수별로 바둑알을 튕긴 점수를 적고, 세로축에는 던진 사람의 이름을 적습니다. 마지막에 총 점수를 적습니다. 그런 다음 표에서 기록한 점수를 바탕으로 막대그래프를 그립니다. 이때 1점에 한 칸씩 색칠해 막대그래프를 그립니다.

놀이 Tip

막대그래프 한 칸이 꼭 1점이 아니어도 돼요. 점수를 크게 설정한 경우, 한 칸을 10점으로 정하는 등 한 칸의 점수를 설정해 막대그래프를 그려 보세요.

❻ 표와 막대그래프를 보고, 가장 높은 점수를 낸 사람을 확인합니다.

- **엄마:** 누가 제일 점수가 높을까?
- **아이:** 막대가 제일 긴 쪽! 저요!
- **엄마:** 그래, 표보다 막대그래프를 보니까 누가 이겼는지 바로 알 수 있지? 이렇게 막대그래프는 데이터의 수를 한눈에 비교할 수 있어.

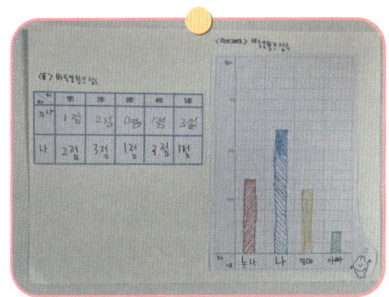

87

004 나의 키를 꺾은선그래프로 그려 보자

★ **준비물** 아이의 성장 키 데이터, 자, 연습장, 연필, 아이의 각 개월 수에 해당하는 사진

★ **놀이 목표** 꺾은선그래프로 나타내기

★ **놀이 효과** 아이는 꺾은선그래프를 그리며 시간에 따른 변화를 시각적으로 표현하는 방법을 배우는 동시에 수량을 점으로 표시한 후 선분으로 이어 키가 언제 가장 많이 자랐는지를 확인할 수 있습니다. 아이는 자신의 성장 과정을 그래프로 그리고 꾸미는 과정에서 활동의 흥미와 부모와의 정서적 유대감을 높일 수 있습니다.

놀이 방법

❶ 아이의 성장 데이터가 있다면 준비해 주세요.

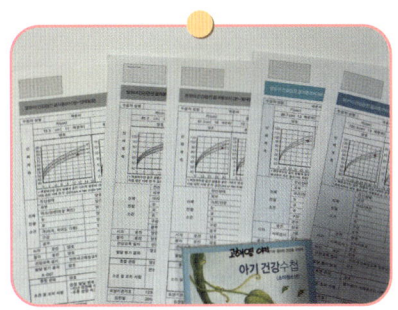

❷ 공책에 표를 그려 키(cm) 데이터를 정리합니다. 표의 가로 방향으로 아이의 개월 수를 적어 두고, 아이가 빈칸에 자신의 키를 적을 수 있도록 도와주세요.

❸ 표에 기록된 데이터를 바탕으로 꺾은선그래프를 그려 보세요. 부모님께서는 세로축 눈금의 크기와 눈금 수를 미리 정해 준비해 두세요. 가로축과 세로축의 항목도 미리 설정해 두고, 아이가 눈금이 만나는 자리에 점을 찍고, 선분으로 연결할 수 있도록 도와주세요.

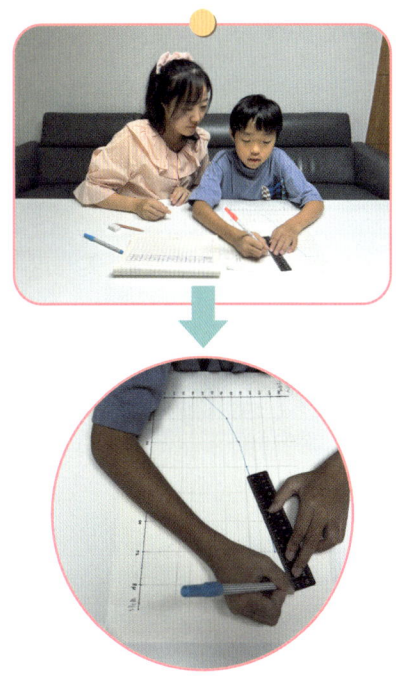

수학 Tip

꺾은선그래프는 수량의 변화를 시간에 따라 한눈에 알아보기 쉽게 선으로 연결한 그래프예요.

④ 꺾은선그래프를 보면서 아이와 함께 키가 많이 자란 시기를 이야기 나눠 보세요.

- **엄마:** 여기서 네 키가 가장 많이 자란 때는 언제일까?
- **아이:** 여기인 것 같아요. 이 부분에서 선이 제일 가파르게 올라갔어요!
- **엄마:** 맞아! 선이 이렇게 가파르게 올라갔다는 건, 그만큼 네 키가 빠르게 자랐다는 뜻이란다. 이때 준서가 키가 많이 컸네!
- **아이:** 이렇게 쭉 올라가서 점점 더 크겠죠?

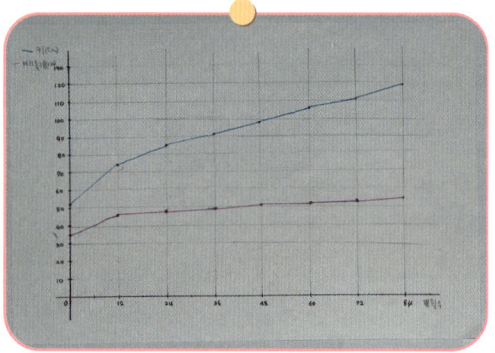

⑤ 완성된 꺾은선그래프에 각 개월 수에 해당하는 아기 때 사진을 붙여 보세요. 그래프 위에 사진을 붙이며, 그 시기의 모습을 떠올리고 아이의 어렸을 적 이야기도 함께 나눠 보세요.

- **엄마:** 어머나, 이 사진은 준서가 한 살 때 모습이네. 그래프로 보니까 정말 많이 컸네!
- **아이:** 제가 이렇게 작았어요? 지금은 아주 많이 컸어요.

- **엄마:** 그러네. 이제 그래프에 제목을 붙여 볼까?
- **아이:** 나의 성장 그래프요!

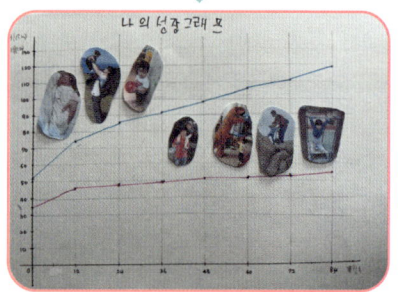

005 냠냠 쩝쩝! 맛있는 원그래프

★ **준비물** 불투명한 봉투나 가방, 크기가 같은 서너 가지 맛의 캐러멜이나 사탕(삼십 개 이상), 10등분을 한 원그래프(세 개 이상), 색연필

★ **놀이 목표** 원그래프로 나타내기

★ **놀이 효과** 아이는 서로 다른 맛의 캐러멜을 분류하고, 이를 원그래프로 나타내는 과정을 통해 전체와 부분의 관계를 시각적으로 이해할 수 있습니다. 원그래프는 전체 중 각 항목이 차지하는 비율을 한눈에 알 수 있어, 데이터의 비율을 표현하고 비교하는 능력을 기르는 데 도움을 줍니다. 이 놀이를 통해 수학적 사고력을 키우며, 원그래프가 실생활에서 어떻게 활용될 수 있는지도 경험할 수 있습니다.

놀이 방법

1 불투명한 봉투 혹은 가방에 여러 가지 맛의 캐러멜을 삼십 개 이상 넣어 주세요. 원그래프는 10등분해서 그려 주세요. 이때 최소 두 개 이상 준비해 주세요.

2 눈을 감은 아이가, 불투명한 봉투에서 캐러멜 열 개를 꺼냅니다.

- **엄마:** 눈을 감고 캐러멜(마이쮸) 열 개를 꺼내 보자. 어떤 맛이 많이 나올까? 두근두근!
- **아이:** 내가 좋아하는 포도 맛 많이 나와라!

3 아이가 꺼낸 열 개의 캐러멜을 맛별로 분류하고, 미리 준비한 원그래프 위에 맛별로 캐러멜을 올려 보세요.

- **엄마:** 어떤 맛이 많이 나왔을까?
- **아이:** 복숭아 맛 두 개, 사과 맛이 세 개, 포도 맛이 다섯 개, 내가 좋아하는 포도 맛이 제일 많이 나왔다!

놀이 Tip

이때 부모님도 함께해 보세요. 그런 다음 각자의 원그래프에 어떤 맛의 캐러멜이 많은지 비교해 보세요.

❹ 원그래프에 캐러멜의 맛별로 색칠합니다(파란색이 세 개면, 세 칸에 색을 칠합니다).

- **엄마:** 원그래프에 맛별로 칸을 나눠서 색칠해 볼까? 포도 맛이 다섯 개니까…….
- **아이:** 다섯 칸이요! 보라색으로 칠할래요!
- **엄마:** 좋아, 색칠한 원그래프 위에 어떤 맛인지 적어 두자.
- **아이:** 네!

❺ 아이가 뽑았던 캐러멜과 부모가 뽑았던 캐러멜을 가지고 이야기를 나눠 보세요.

- **엄마:** 정말 다양한 그래프가 있었지? 막대그래프, 꺾은선그래프, 그리고 오늘 색칠하며 나타내 본 원그래프까지!
- **아이:** 네. 정말 여러 가지 그래프가 있었어요.
- **엄마:** 여기에 우리가 뽑았던 간식을 봉투에 넣고, 원그래프를 붙여 놓으니까 어때?
- **아이:** 원그래프를 보니까 어떤 맛이 얼마만큼 있

는지 바로 알 수 있어요. 제가 좋아하는 젤리에도 이렇게 표시되어 있으면 좋겠어요.

- **엄마:** 그렇지? 원그래프는 전체 중에서 어떤 부분이 더 많은지 쉽게 알 수 있어서 편리하단다.